DISCOURS

PRONONCÉS *dans la Séance publique, tous les corps réunis, le 20 Septembre 1791, jour de l'installation de MM. les Commissaires Nationaux - Civils, et de M. le Gouverneur, Lieutenant général des Isles Françaises de l'Amérique sous le Vent.*

DISCOURS DE M. D'AUGY,

PRÉSIDENT DE L'ASSEMBLÉE COLONIALE.

Messieurs les Commissaires Nationaux-Civils, délégués par le Roi aux Isles Françaises de l'Amérique sous le Vent.

LA dictature qui vous est confiée par le Roi des Français, nous garantit la certitude où étoit Sa Majesté, de votre attachement à la constitution et de la sincérité de vos vœux pour le salut de cette importante section de l'empire. Vous y coopérerez, Messieurs, avec le Représentant du Roi, et vous maintiendrez la constitution Française, sans compromettre la base de notre existence.

A

Nous sommes dans vos mains comme le vase d'argile que vous pouvez briser à l'instant même ; c'est donc aussi l'instant, et peut-être le seul, de vous faire connoître une vérité importante , mal connue de Messieurs les Commissaires nationaux - civils , vos prédécesseurs.

Cette vérité sentie à la fin par l'assemblée constituante , c'est qu'il ne peut point y avoir de culture à St.-Domingue sans l'esclavage : c'est qu'on n'a point été chercher et acheter à la côte d'Afrique cinq cents mille sauvages esclaves , pour les introduire dans la Colonie , en qualité et au titre de citoyens Français : c'est que leur subsistance comme libres y est physiquement incompatible avec l'existence de vos frères Européens.

Déterminés que vous seriez , Messieurs , d'après les instructions dont vous pouvez être porteurs, déterminés à faire perdre à la Métropole le produit de nos cultures , cette source si féconde de richesses et de puissances, plutôt que de souffrir des esclaves dans ces contrées , vous ne pourriez au moins sans joindre à l'injustice la plus criante , une barbarie féroce et homicide , vous dispenser de reporter ces esclaves au lieu où les ont pris vos frères Européens : car enfin , nos terres sont un genre de propriétés qui apparemment n'a rien d'incompatible avec la constitution Française , et personne ne peut nous imposer la loi d'y souffrir des Êtres que la liberté mèneroit tout de suite au vagabondage , au pillage , aux dévastations et aux assassinats.

Voilà pourquoi l'Assemblée nationale constituante nous a délégué , par la loi constitutionnelle du 28 septembre 1791 , le pouvoir législatif sur ce qui concerne l'état des personnes non libres. Cette disposition de la loi constitutionnelle n'ayant encore reçu aucune atteinte de la part de l'Assemblée nationale législative , nous avons usé du droit qui nous étoit conféré. Nous avons déclaré , par un décret du mois de juin dernier , que l'esclavage des noirs étoit irrévocablement maintenu dans la Colonie ; ce décret a été porté à la sanction immédiate du Roi , par trois commissaires pris dans le sein de l'assemblée. Ils sont rendus en France , et la Colonie attend journellement la sanction inévitable de ce décret.

Vous allez marcher, Messieurs, entre deux écueils également funestes. Les ennemis de la constitution , c'est-à-dire, les hommes intéressés à maintenir les anciens abus , vous diront que les maux de la Colonie prennent leur source dans l'établissement des corps populaires ; qu'adopter à Saint-Domingue la constitution Française, c'est arborer l'étendard de la révolte contre le Gouvernement, et que nos nègres *se régénèrent* aussi en se révoltant à leur tour contre leurs maîtres. Tout cela n'est que perfidie ou ineptie.

Nous sommes Français quoique résidans à St.-Domingue, à 1,500 lieues de la Métropole, et séparés d'elle par l'Océan ; nous devons jouir de la constitution Française avec les modifications que nos localités exigent : c'est vous dire que d'une part il nous faut des officiers municipaux et une assemblée permanente de nos représentans, et que d'un autre côté l'esclavage des noirs doit être maintenu, autant pour leur intérêt personnel, que pour la conservation de la culture et pour la sureté de leurs maîtres.

Achetés à la côte d'Afrique, et introduits aux Antilles, les nègres n'y éprouvent qu'un changement tout à leur avantage, dans la servitude à laquelle ils sont dévoués par le seul fait de leur naissance. Leur esclavage originel est même déjà adouci dans leur propre pays par l'intérêt de ceux qui se proposent de les vendre aux commerçans Européens. Distribués ensuite et répartis ici sur les établissemens en culture, ils y trouvent une nouvelle garantie, dans l'intérêt de leurs maîtres à les ménager et à les conserver. Ils y deviendroient les plus malheureux, les plus misérables de tous les hommes s'ils y étoient abandonnés à eux-mêmes. Cette vérité, déjà constatée par l'expérience d'un siècle, l'est bien plus encore par les maux sans nombre dont ils sont accablés dans leur état actuel de révolte. Vous ne tarderez pas, Messieurs, à en être instruits.

Il résulte de-là que la base des lois réglementaires, au sujet des esclaves, doit être de leur procurer malgré eux la somme de bonheur dont ils sont susceptibles, en échange du travail modéré auquel on les assujettit. A cet égard, Messieurs, la Colonie n'a heureusement d'autre mesure à prendre que d'ériger en loi ce qu'un usage général a déjà consacré depuis long-temps pour la conduite et le régime des ateliers. Mais le maintien de cette loi tutélaire des esclaves ne peut être efficacement confié qu'aux cultivateurs eux-mêmes, personnellement intéressés à la surveillance en cette partie : la loi manqueroit son but, si, entre le maître et l'esclave, celui-ci entrevoyoit une autorité étrangère capable de le soustraire à celle du propriétaire. Il est contre l'essence de la servitude des noirs, contre leur bonheur, contre leur sureté, de porter la plus légère atteinte au bienfaisant empire du cultivateur, en faisant intervenir, comme cela ne s'est vu que trop souvent, les indiscrètes dispositions du Gouvernement, ou les formes des tribunaux de justice.

Ce n'est enfin qu'à la partie saine , et par conséquent à la presque totalité des cultivateurs , qu'on doit accorder une sorte de juridiction fraternelle pour contenir sans cesse dans de justes bornes les maîtres capables de compromettre l'intérêt général et la sureté commune , par des excès de sévérité ou de foiblesse envers leurs esclaves.

Vos prédécesseurs , Messieurs , faute de communication assez fréquentes , assez intimes , avec l'assemblée des représentans de la Colonie , ont méconnu et contrarié ces principes par des conférences et des conventions *particulières et secrètes* entre eux et les esclaves révoltés.

Ce genre de propriétés , dans les mains des cultivateurs , est et doit être tellement indépendant de toute autorité étrangère et non intéressée , que l'assemblée coloniale , pénétrée de reconnoissance pour le Roi des Français , lorsqu'il adressoit ici à son Représentant une amnistie en faveur des esclaves coupables , s'est attribué *à elle seule* la dispensation d'une grâce , qui effectivement ne dévoit émaner que des représentans de l'universalité des propriétaires. La Colonie entière , qui vous parle aujourd'hui par notre organe , vous prie , Messieurs , de prendre ces principes , ces bases, dans la plus haute considération : nous trahirions nos constituans , nos sermens et nos devoirs , si nous ne vous tenions ce langage au premier instant où nous avons le bonheur de vous posséder et de vous entretenir.

Sans doute , Messieurs , vous êtes déjà informés , par les commissaires que l'assemblée coloniale a envoyés en mer au-devant de vous , de tout ce qu'elle a fait pour ne laisser aucun doute sur la parfaite soumission à sa loi du 4 avril dernier , en faveur des hommes de couleur et nègres libres. Nous vous en réitérons l'assurance , en vous priant de prendre vous-mêmes les mesures les plus promptes pour que cette classe de citoyens jouisse complétement du bénéfice de la loi.

Nous avons été calomniés : nous nous attendions à l'être, et nous sentions que c'est un sort réservé aux assemblées coloniales de la partie Française de Saint - Domingue , où tant de personnes sont intéressées au maintien des anciens abus que ces assemblées sont appelées à détruire. On a été jusqu'à nous imputer , *à nous propriétaires ,* les désastres de la Colonie ; et à ce sujet , peut-être , n'êtes vous pas , vous-mêmes , sans quelque prévention défavorable à notre égard. Tant mieux ! Notre justification n'en sera que plus éclatante , puisque , sans doute , vous nous jugerez sur nos œuvres, et que les autres seront jugés de même. Le compte de notre conduite est tout prêt : nous le devons à nos constituans : nous vous le devons à vous-mêmes , Messieurs , et nous vous prions d'indiquer le moment le plus prochain où vous pourrez l'entendre. Cherchés , démasqués les vrais coupables : c'est un des principaux devoirs que vous impose l'Assemblée nationale. Vous servirez aussi cette malheureuse Colonie , en le remplissant promptement.

Vous avez , néanmoins de grandes lumières à acquérir encore à ce sujet , dans la réduction des esclaves révoltés , c'est-à-dire , dans les déclarations que feront leurs chefs. Ainsi , Messieurs , pour sauver la Colonie *et pour la venger ,* nous vous prions , en son nom et avec instance , de requérir M. le Gouverneur général de déployer sans délai contre les nègres en révolte les forces qui sont à sa disposition.

Au reste , Messieurs , la confiance que vous nous avez inspirée est sans bornes , comme les pouvoirs dont vous êtes investis par l'Assemblée nationale , et par le choix du Roi des Français.

Monsieur le Gouverneur Lieutenant général des Isles Fran- çaises de l'Amérique sous le Vent.

Ces malheureuses contrées , et la Métropole elle-même , se ressentiront long-temps des maux qui nous ont assaillis et qui nous poursuivent encore. Une main cachée les a fait naître et les a entretenus jusqu'au moment actuel. Vous paroissez , Monsieur le Général ; nous touchons à leur terme. Votre réputation vous a devancé dans la Colonie , et vos preuves de dévouement au bien public sont toutes faites ; par cela seul que , n'ayant plus rien à désirer du côté des honneurs et de la fortune, vous n'en avez pas moins accepté la mission déterminée par l'Assemblée nationale , et pour laquelle le Roi vous a si judicieusement choisi. Le salut de Saint-Domingue est donc indubitablement l'unique objet de vos vœux.

Le premier de vos soins, Monsieur le Général, sera de disperser et de réduire des hordes d'esclaves excités à une révolte aussi funeste pour eux-mêmes que pour leurs maîtres. La majeure partie, la presque totalité de nos malheureux nègres, long-temps séduits, ne soupirent qu'après le moment où il leur sera permis de se ranger avec sureté sous le joug d'une domination toujours paternelle, toujours bienfaisante. Que les cultivateurs et les ateliers rentrent donc prompte- ment sur leurs habitations : que les communications deviennent sûres dans la province du nord : en un mot, que le calme s'y rétablisse, et le désordre général, qui a commencé dans cette province, cessera de lui-même, pour ainsi dire, dans les deux autres.

Sans doute il faut rechercher les véritables incendiaires et les livrer à la vengeance nationale, mais il faut commencer par éteindre l'incendie. Vous avez pour cela de grands moyens, Monsieur le général, et votre succès est assuré si vous les employés tout de suite.

Foible, malgré la supériorité de son nombre, foible, lors même qu'il a pu se croire protégé par la puissance qui devoit le contenir, l'ennemi au-devant du quel vous allez, n'attend pour vous rendre les armes que la certitude d'être formellement désavoué et sérieusement poursuivi par les représentans de la Nation et du Roi. Montrez-vous, Monsieur le Général, déployés toutes vos forces, qu'elles abordent au même instant et par différens points, nos esclaves se dissiperont d'eux-mêmes sans effusion de sang, ou plutôt ils se hâteront de tomber à vos pieds, en vous livrant les chefs qui les tourmentent et les tiennent depuis si long-temps réunis et armés malgré eux. Ces chefs, qui ne sont eux-mêmes que d'aveugles instrumens, découvriront les instigateurs qui les ont guidés et maintenus jusqu'à ce jour dans la voie du crime.

Au rétablissement du calme dans la Colonie, l'industrieuse et infatigable activité de ses habitans vous offrira le spectacle enchanteur d'une prompte restauration : la Métropole, qui ne tardera pas à en ressentir les heureux effets, vous placera au nombre des génies tutélaires de la France, et

d'âge

d'âge en âge, le nom DE D'ESPARBÈS sera béni dans les deux hémisphères. C'est la seule récompense qui soit digne d'un dévouement aussi généreux que le vôtre.

Monsieur le Président et Messieurs de l'Assemblée provinciale du nord; Monsieur le Maire ; M. le Procureur-Syndic , et MM. les Officiers Municipaux et Notables de la Commune du Cap.

Vous avez acquis de grands droits à la reconnoissance de vos concitoyens dans la province du nord et dans la ville et banlieue du Cap. Ce jour , Messieurs, est peut-être le dernier où nous pourrons encore jouir de notre réunion. Il ne se passera pas au moins sans que l'assemblée coloniale vous témoigne la reconnoissance qu'elle vous doit aussi pour les secours et les lumières que vous lui avez procurés toutes les fois que vous avez été appelés dans son sein. Comptés comme nous, Messieurs, sur une justice impartiale , et restons à jamais unis par le lien qui nous a toujours rassemblés , le dévouement au bien public.

Messieurs les Commandans des Provinces du Nord , de l'Ouest et du Sud de Saint-Domingue.

Les Français que vous allez commander dans vos départemens respectifs sont , comme ceux que vous venez de quitter dans la Métropole , disposés à la confiance et à l'attachement pour leurs supérieurs. Ne dédaignez pas leur expérience et leurs avis ; aimez-les un peu , ils vous aimeront beaucoup, et il vous sera facile de les gouverner. Soyez leur interprète auprès de M. le Gouverneur général ; et qu'à son tour ce chef rende à la Nation et au Roi un compte fidelle de leurs sentimens et de leur conduite. C'est le seul moyen de lier au centre de l'empire Français des possessions trop éloignées, et des citoyens encore trop peu connus. Vous trouverez par-tout l'obéissance à la loi. Leurs représentans vous en donnent l'assurance , et sont en état de vous en fournir les preuves.

Citoyens de tous les Ordres et de toutes les Classes.

La Colonie est sur le bord de l'abyme. Elle peut encore s'y engloutir , malgré les secours que nous envoie la Métropole. Ainsi, confiance aveugle dans nos nouveaux chefs , obéissance entière à leurs ordres ! L'assemblée de vos représentans vous en promet l'exemple : c'est le seul moyen de nous sauver. Réunissons-nous donc , mes frères , une bonne fois ; et dès le moment actuel, prononçons, d'une voix unanime , anathème contre quiconque voudroit seulement nous inspirer de la défiance.

DISCOURS DE M. JOUBERT ,

Président de l'Assemblée Provinciale du Nord.

Messieurs les Commissaires nationaux-civils ,

Votre arrivée dans cette Isle infortunée fait renaître l'espérance et la joie , et nous fait éprouver des sentimens d'autant plus doux, qu'ils étoient depuis long-temps étrangers pour nos cœurs.

Témoins de cette satisfaction générale que votre présence seule occasione, témoins de l'impatience dont brûlent tous les citoyens de cette ville et les malheureux habitans qui y sont refugiés, d'accueillir les braves et généreux défenseurs qui ont volé sur vos traces pour les secourir, vous vous demandez, sans doute, si ce sont-là les Colons qu'on vous a peints sous des couleurs si désavantageuses ? Ah ! Croyez, MM., que la mère-patrie a été souvent et cruellement abusée sur leur compte ; croyez que vous trouverez dans presque tous les habitans de cette Colonie, des vrais citoyens Français, dont le patriotisme est d'autant plus pur, qu'il a été éprouvé par des pertes immenses, et par une longue suite de malheurs ; croyez enfin que le succès de votre mission importante est assuré, si, pour la remplir, vous n'avez besoin que de notre énergie, de notre union intime avec nos frères de France, de notre ralliement sincère autour de la loi, de notre respect pour toutes les autorités constitutionnelles !

La province du nord, dans laquelle vous abordez, et dont nous sommes les représentans ; cette province, jadis si florissante, et qui a été la source de tant de fortunes, solidement établies en France, va vous offrir le spectacle le plus déchirant.

Depuis plus d'un an, elle est presqu'entièrement au pouvoir des esclaves révoltés. Moitié de ses habitans a péri sous le fer de ses assassins, ou a succombé sous le poids accablant de la misère ; plus de 3,000 habitations sont couvertes de cendres et de décombres, et dans ce nombre, il n'en est presque point qui n'ait été le théatre de quelque scène horrible, et dont le sol ne soit encore teint du sang de ses anciens maîtres. Qu'elle est donc la main criminelle et perfide qui dirige tant de flambeaux et de poignards ? Un voile épais et sanglant la couvre, mais il se déchirera bientôt devant vous, et vous ne tarderez pas à connoître que nos malheureux esclaves séduits, armés, mis en révolte contre des maîtres qu'ils chérissoient, des maîtres qui les rendoient heureux, ne sont que des instrumens aveugles que les ennemis de la révolution et de la France font agir à volonté.

Dans quelque lieu qu'ils soient, ces perfides auteurs de nos maux, ces dévastateurs cruels de la plus riche section de l'empire Français, la vengeance nationale les atteindra, et le glaive des lois frappera tôt ou tard leurs têtes coupables. Que toute idée de vengeance particulière soit donc bannie : ses coups incertains, que la loi réprouve, pourroient frapper des têtes innocentes, et préparer des remords à ceux même qui croiroient servir leur patrie. D'ailleurs, dans la crise où nous sommes, un soin plus pressant doit occuper seul tous les vrais patriotes amis de l'ordre et de la paix ; c'est celui de se réunir à la voix paternelle des délégués de la Nation et du Représentant du meilleur des Rois, et de seconder, avec autant de confiance que d'ardeur, les efforts qu'ils vont faire pour arrêter le cours de nos maux, et rendre Saint-Domingue à lui-même, à la France, à l'Europe entière.

Cette malheureuse Isle a souvent trouvé des ennemis, des tyrans, dans les dépositaires de l'autorité, qui pouvoient, qui devoient opérer son bonheur. Mais le temps du despotisme n'est plus ; et un pressentiment heureux nous annonce que vous étes, Messieurs, nos véritables amis, que vous serez nos sauveurs, et qu'après vous avoir peint nos désastres, nous aurons bientôt un devoir plus doux à remplir, celui de vous exprimer notre vive et éternelle reconnoissance.

DISCOURS de M. Chevalier, aîné,

MAIRE DE LA VILLE DU CAP.

Messieurs les Commissaires nationaux - civils,

Faire renaître Saint - Domingue de ses cendres : rendre à l'existence, la plus belle, la plus riche des Colonies Françaises, c'est bien mériter de la patrie, au dégré le plus éminent ; c'est une entreprise digne de vous.

Parlés ; à votre voix, tous les Colons vont s'unir, agir de concert entre eux et avec leurs frères d'Europe, et tendre à la dispersion des méchans, au rétablissement de l'ordre et de la tranquillité.

Sensibles à la préférence que vous avez donnée, pour votre résidence, à la ville commise à nos soins, nous vous prions, Messieurs, d'agréer l'hommage de notre reconnoissance, et de celle de la commune que nous représentons.

La ferme résolution de nos constituans et la nôtre sont de marcher d'un pas constant dans l'unique sentier de la loi : daignés être nos guides ; nous n'aurons pas à craindre de nous égarer.

DISCOURS DU R. P. PRÉFET.

MESSIEURS LES COMMISSAIRES NATIONAUX-CIVILS ,

Nos malheurs vous sont connus : la somme en est incalcu-
lable. Cette Colonie ci-devant la plus florissante de l'Univers ,
cette riche portion de l'empire Français , ne peut offrir à vos
yeux, qu'un spectacle d'horreur, un spectacle attendrissant.
Ses plantations précieuses totalement ravagées , dévastées ;
tous ses édifices renversés ou dévorés par les flammes , son sol
teint et fumant encore du sang de ses malheureux habitans,
de tout âge , de tout sexe , de tout état, qui ont péri sous
le fer assassin et parricide.

Mais vous arrivez , Messieurs , sur cette plage trop long-
temps battue par la tempéte ; l'espoir renaît dans nos ames,
la joie dans nos cœurs. Représentans d'une Nation qui nous
est chère , à laquelle nous tenons par des liens de politique
et d'intérêt , et plus encore par des liens infiniment pré-
cieux et chers à nos cœurs , ceux du sang et de l'amitié ;
les pouvoirs illimités dont vous étes revétus , exercés avec
cette sagesse qui vous caractérise , dirigés par cet amour
du bien qui vous guide et vous anime , nous présagent le
retour prochain à la paix , à la tranquillité intérieure , au
rétablissement de l'ordre , au rapprochement des esprits , à
la réunion des cœurs , au salut enfin de cette trop infortunée Colonie. C'est-là l'objet de votre importante mission ;
elle ne pouvoit étre confiée à des Citoyens plus vertueux ,
à des Français plus dignes de la remplir : le Ciel secondant
vos intentions et vos travaux , nous n'en pouvons espérer
que les plus heureux succès.

DISCOURS *de la Députation des Hommes de couleur et Nègres libres de la Ville du Cap.*

M̲ESSIEURS LES C̲OMMISSAIRES NATIONAUX - CIVILS,

Chargés de vous rendre le tribut de respect des ci-devans citoyens de couleur du Cap, nous sentons trop bien, malgré tout l'attrait que nous y trouvons, combien l'insuffisance de notre talent nous laisse au-dessous de notre objet et de notre ambition.

Mais l'expression qui peut vous flatter d'avantage, est sans doute, Messieurs, cette satisfaction générale, ce délicieux plaisir des cœurs, dont l'alégresse publique vous est, en ce jour, un assuré témoignage. Vous seuls pouviez la produire dans cette ville, si long-temps le théâtre affreux de nos larmes, le théâtre des malheurs et du crime.

L'espérance qui suit l'homme dans ses peines, et ne s'en détache que lorsqu'il est au comble des maux, étoit prête à s'envoler de nos cœurs : la loi bienfaisante du 4 avril l'y a fixée, et par votre apparition sur ces rivages, ce doux sentiment nous entoure aujourd'hui de tous ses charmes.

Tous nos concitoyens éclairés par l'infortune et repoussant enfin les illusions dangereuses d'un système ridicule et désastreux, soupirent ainsi que nous après la paix ; ce grand bienfait puisse - t - il être votre premier ouvrage ! Les habitans malheureux de cette province désolée, l'implorent. Voyés fumer encore ces riches possessions qui faisoient l'orgueil de la France et le nôtre. L'œil ne s'y repose plus sur le riant tableau de la nature ; le deuil les environne : tristes et abandonnées, elles n'offrent que des ruines et une surface blanchie par des cendres où couve un feu dévorateur.

Ouï, Messieurs, si la paix dont le repos heureux multiplie les hommes et en embellit l'existence ; si la paix est bientôt le fruit de vos lumières, de vos vertus, nous vous devrons nos premiers sentimens de bonheur ; nous vous consacrerons à jamais nos hommages ; et, trompés par l'ivresse de notre reconnoissance, ou l'accent de nos cœurs, nous croirons voir en vous non des mortels, mais des dieux bienfaisans.

DISCOURS DE M. SONTHONAX,

COMMISSAIRE NATIONAL-CIVIL.

C'est avec la plus vive satisfaction que les Commissaires nationaux-civils, les délégués de l'Assemblée nationale et du Roi, paroissent au milieu des Français de la Colonie de Saint-Domingue ; invariablement attachés aux lois que nous venons faire exécuter, nous déclarons, en présence et sous les auspices de l'Être suprême, au nom de la Métropole, à la face du peuple, et entre les mains de ses représentans provisoires, que nous ne reconnoissons désormais que deux classes d'hommes dans la partie Française de Saint-Domingue, les libres, sans aucune distinction de couleur, et les esclaves.

Nous

Nous déclarons qu'aux assemblées coloniales seules, constitutionnellement formées, appartient le droit de prononcer sur le sort des esclaves.

Nous déclarons que l'esclavage est nécessaire à la culture et à la prospérité des colonies, et qu'il n'est ni dans les principes, ni dans la volonté de l'Assemblée nationale de France, de toucher à cet égard, aux prérogatives des Colons.

Nous déclarons que nous ne reconnoîtrons pour les amis de la France, que ceux qui le seront de sa constitution, sauf les modifications que commandent l'esclavage et les localités.

Tels sont nos principes, tels sont ceux que nous ont dictés l'Assemblée nationale et le Roi : nous mourrons, s'il le faut, pour les faire triompher.

DISCOURS DE M. AILHAUD,

COMMISSAIRE NATIONAL-CIVIL.

Dans les circonstances désastreuses où se trouve depuis si long-temps la plus belle Colonie de l'univers, vous m'en croirez, sans doute, quand je vous dirai que l'amour de l'humanité, le désir ardent du bonheur des citoyens de toutes les couleurs de ces contrées malheureuses, et l'espoir de contribuer et substituer au milieu d'eux les douceurs d'une union franche aux horreurs des divisions intestines, la raison, aux préjugés les plus funestes, les travaux utiles, à l'affreux brigandage des partis ; la paix, à la plus horrible guerre, enfin la vie à la mort, ont pû seuls me déterminer à accepter l'honorable mission que je viens remplir auprès de vous.

Je ne me suis dissimulé ni les difficultés que je devois rencontrer en répondant à la confiance de la Nation Française et du Roi, ni la foiblesse de mes moyens, ni les dangers dont on cherchoit à me persuader que ma personne seroit environnée, ni celui, non moins imminent, de livrer aux traits acérés de la calomnie, ma réputation d'honnête homme, qui m'est mille fois plus chère que la vie.

L'aspect de vos malheurs, Messieurs, m'a élevé au-dessus de toutes ces considérations ; ils commandoient mon sacrifice, je m'y suis dévoué. Puissé-je être la dernière victime de vos fatales dissentions ! Que j'emporte au tombeau la certitude de votre bonheur, et ma tâche est remplie, et j'en reçois la plus flateuse récompense. Tel est, Messieurs, l'esprit que je prends pour règle de ma conduite envers vous tous, tels sont mes vœux les plus chers.

Eh ! Puis-je douter qu'ils s'accomplissent, quand je vois mon zèle pour la restauration de cette Colonie, secondé par celui de deux Collégues dont les talens éprouvés, dont l'ardent civisme, ne sauroient trouver d'obstacles insurmontables, lorsqu'il s'agit de servir leur patrie et l'humanité.

Sans doute, je ne dois l'honneur d'être associé à leurs nobles travaux, qu'à un peu d'expérience dans le régime des Colonies en général ; car j'aborde pour la première fois sur cette terre, jadis le modèle des autres Colonies, et que notre unique ambition est de replacer bientôt au rang qui lui appartient.

‹ Mais chargé pendant plusieurs années de faire régner les lois à l'Isle de France, en qualité de procureur général. J'y ai vu, plus que je n'aurois pu le faire par-tout ailleurs, (et je puis le dire avec une douleur que l'habitude augmentoit, au lieu de la calmer,) j'y ai vu, de très-près, et les cruels mécomptes de l'insatiable cupidité, et les aveugles délires de l'orgueil, et les fureurs des agitateurs du peuple, et la souplesse des ennemis de l'ordre et du bien public, et tous les maux sans nombre que traînent à leur suite les passions.

Victime moi-même, pendant dix ans, du pouvoir arbitraire, pour avoir bien été fidelle à mes devoirs, de soumettre ces passions au frein salutaire des lois, je suis, par caractère, (j'ose le dire, et vous pouvez m'en croire) l'ennemi de tous les genres de tyrannie. Étranger à tous les partis, je ne vois, je ne connois, je ne veux suivre que la loi ; c'est à elle, Messieurs, c'est à la sainte égalité des droits, c'est à l'équité et à l'esprit de justice qu'il faut maintenant redemander votre sûreté personnelle, vos propriétés, vos fortunes, et cette paix intérieure, sans laquelle toute prospérité sera pour jamais bannie de ces fertiles contrées.

Oh mes concitoyens ! Oh mes amis ! Oh mes frères ! Que le souvenir de tant d'affreux désastres, s'il ne peut s'effacer entièrement de vos cœurs, serve au moins à vous rappeler à vos vrais intérêts. Choisissés, ou périr jusqu'au dernier, par la main de vos esclaves, ou vous rallier franchement contre l'ennemi commun, qui n'est fort que de vos divisions, et recouvrer ainsi, en très-peu d'années, tous les biens que vous avez perdus.

Ah ? Puisque l'impérieuse nécessité, puisque le genre de votre culture, puisque, sur-tout, le défaut absolu de lumières dans vos ateliers , commandent le régime de l'esclavage dans les Colonies , l'intérêt le plus puissant de tous les hommes libres , n'est - il pas de chercher dans l'union la plus intime des volontés , dans l'identité la plus parfaite des droits politiques et civils , la seule force qui puisse leur répondre de la sureté des personnes , et de la conservation des propriétés.

Les hommes libres , pourroient - ils regretter cette gradation de tyrannie et d'oppression réciproques qui remontant de l'esclave à l'homme de couleur , de l'homme de couleur au blanc , et du blanc aux agens du despotisme ministériel , formoit du régime coloniale un affreux système de vexations intolérables , dont chacun de vous étoit tour à tour , ou l'agent , ou la victime.

Non , Messieurs , vous n'avez point de sacrifices à faire pour vous ranger sous l'autorité tutélaire des lois , ce que l'orgueil a de plus insensé , ce que la bassesse a de plus abject , tels étoient pour vous tous les élémens de l'existence.

A la place de ces vils fantômes , nous vous apportons les moyens d'arriver à une constitution libre. La sainte égalité des droits qui , je l'espère , va bientôt faire de vous tous un peuple de frères , vous placera tous à une égale distance de l'esclavage. Unis , vous n'appartiendrez qu'à vous-mêmes, vos lois seront votre ouvrage , et vos relations avec la Métropole ne seront plus que le gage de la sureté politique ; divisés , vous n'avez pas même le choix , entre la mort et les tyrans.

Si ces vérités ont touché vos cœurs , notre mission est finie ; au lieu d'une autorité à exercer , nous n'aurons plus que des conseils à donner ; mais , soit nos ordres , soit nos conseils , vous les trouverez écrits d'avance dans les lois dont l'exécution nous est confiée : aucune considération particuliére, aucun esprit de parti n'influeront sur la moindre de nos démarches : votre bonheur, Messieurs, voilà notre but, l'équité, voilà notre guide, puissent la persuasion et le zéle être nos uniques moyens.

DISCOURS DE M. POLVEREL,

COMMISSAIRE NATIONAL-CIVIL.

CITOYENS,

Les principes de mes deux Collégues sont les miens, nous n'ayons en nous trois qu'une seule ame, et il ne peut y avoir entre nous de diversité que dans la maniére d'exprimer nos sentimens; notre conduite sera toujours uniforme.

Après avoir gémi long-temps sur le triste sort de cette Colonie, l'espoir de réparer ses malheurs a pu seul nous déterminer à accepter la mission tout à la fois honorable et périlleuse que l'Assemblée nationale et le Roi nous ont confiée.

Il seroit doux pour nous de n'avoir à nous occuper que du rétablissement de la paix et de la prospérité de la Colonie ; il seroit doux pour nous de n'avoir pas à rechercher les auteurs des désastres dont elle a été la victime. Mais s'il en existoit, nous vous déclarons que, quels que soient leur rang et leur puissance, dussent tous leurs poignards être tournés sur nos poitrines, nous les poursuivrons avec toute l'impartialité et l'impassibilité de la loi.

J'ai été surpris, je l'avoue, de voir des craintes se mani-
fester dans cette assemblée, sur des instructions secrètes
dont on nous suppose porteurs; comme si nous pouvions
avoir d'autres instructions que la loi, et comme si la loi
pouvoit n'être pas publique.

Et moi je vous déclare, au nom de mes Collégues, sans
craindre d'en être désavoué, je vous déclare en mon nom
que, si, par impossible, l'Assemblée nationale changeoit
quelque chose à l'état de vos propriétés mobiliaires, j'abdi-
querois sur le champ toute mission, et remettrois entre les
mains de la Nation les pouvoirs qu'elle m'a confiés, plutôt
que de me rendre complice d'une erreur aussi funeste à la
Colonie.

Sans connoître en détail les causes qui ont pu motiver
l'espéce d'inculpation que je viens d'entendre contre les
Commissaires qui nous ont précédés dans cette carrière,
ni les obstacles qui ont pu s'opposer à leurs succès, j'ose
vous assurer que leurs intentions étoient pures; si les événemens ont trahi leurs espérances, ils ont pu croire, sans
être coupables, qu'il valoit mieux rappeler à leurs devoirs,
par la voie de la persuasion, les esclaves révoltés, que de
tenter les hasards d'un combat, sur-tout dans un temps où
la Colonie n'étoit peut-être pas assez pourvue de forces
militaires.

Aujourd'hui même, Messieurs, croyez-vous que si la
chose étoit pratiquable, il ne seroit pas de l'intérêt bien
calculé de la Colonie de préférer cette voie à une guerre
désastreuse? Mais si des circonstances et des événemens,
que nous ignorons encore, ne nous offrent plus la même

ressource, nous vous promettons de déployer avec énergie la masse de forces dont la direction nous est confiée, pour hâter la réduction des esclaves et leur rentrée dans les ateliers.

RÉPONSE du Président de l'Assemblée coloniale aux trois Discours de MM. les Commissaires-civils.

MESSIEURS LES COMMISSAIRES CIVILS,

Vous nous promettez sureté; vous nous promettez de livrer à la vengeance nationale les auteurs de nos désastres; tous nos vœux sont remplis.

Imprimé par Ordre de l'Assemblée Coloniale.

Collationné, POITTEVIN, Garde des Archives.

AU CAP, chez G. DECOMBAZ et Cᵉ. Imprimeurs de l'Assemblée coloniale de la partie Française de Saint-Domingue.